CROSS STITCH PATTERN
CHRISTMAS

20 EASY DESIGNS
FOR HAND CROSS STITCH

MARYNA ART
2025

Step into a world of delicate hues and intricate patterns of the past.
Cross-stitch is more than just a hobby; it's a journey through time, where each stitch is a step into the history of fashion and design.
This book will be your trusted guide in the world of cross-stitch.
You will learn how to choose threads, fabrics, create your own patterns, and bring your boldest ideas to life.

MARYNA ART
2025

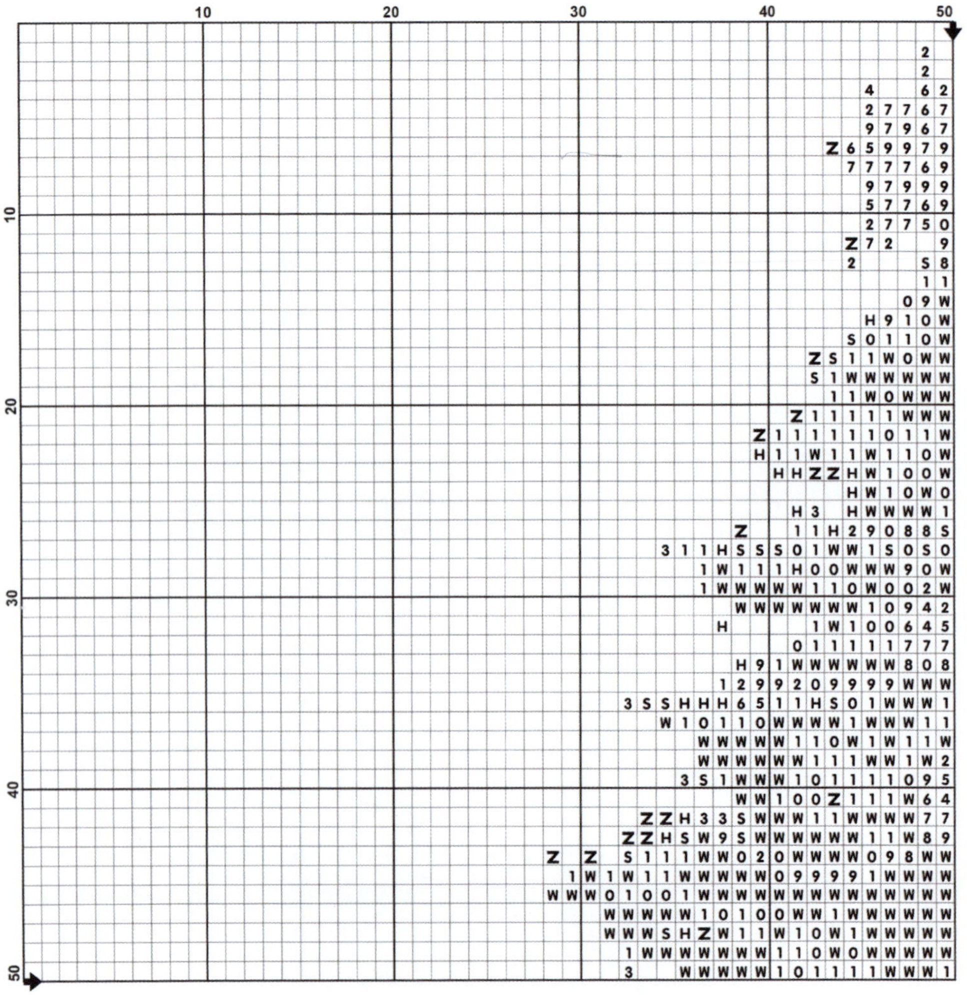

Fabric: Aida 14, White
82w X 98h Stitches
Size: 14 Count, 14.88w X 17.78h cm

Floss Used for Full Stitches:

Symbol	Strands	Type	Number	Color
W	2	DMC	310	Black
2	2	DMC	371	Mustard
3	2	DMC	613	Drab Brown-VY LT
H	2	DMC	645	Beaver Gray-VY DK
Z	2	DMC	647	Beaver Gray-MD
5	2	DMC	676	Old Gold-LT
4	2	DMC	677	Old Gold-VY LT
6	2	DMC	729	Old Gold-MD
S	2	DMC	844	Beaver Brown-UL DK
9	2	DMC	934	Avocado Green-VY DK
0	2	DMC	936	Avocado Green-DK MD
8	2	DMC	938	Coffee Brown-UL DK
7	2	DMC	3829	Old Gold-VY DK
9	2	DMC	3862	Mocha Beige-DK
+	2	DMC	3866	Beige Brown-UL VY LT

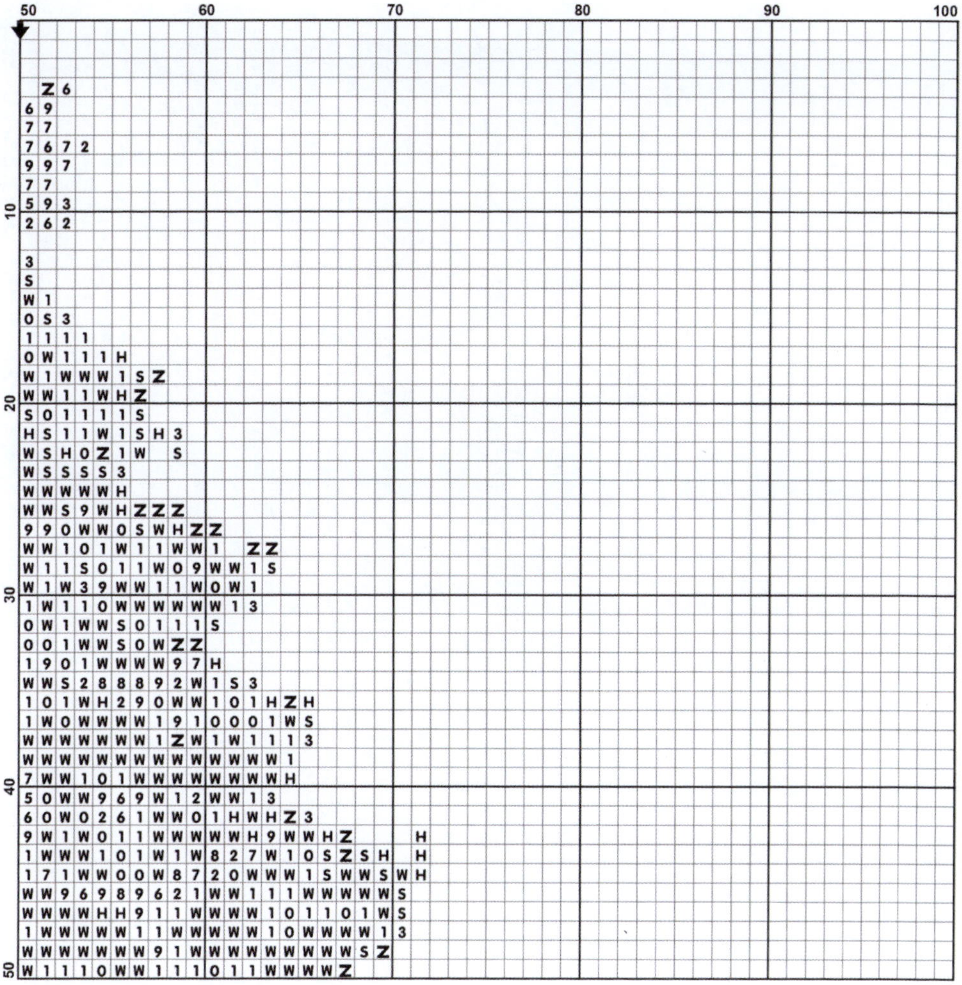

Fabric: Aida 14, White
82w X 98h Stitches
Size: 14 Count, 14.88w X 17.78h cm

Floss Used for Full Stitches:

Symbol	Strands	Type	Number	Color
W	2	DMC	310	Black
2	2	DMC	371	Mustard
3	2	DMC	613	Drab Brown-VY LT
H	2	DMC	645	Beaver Gray-VY DK
Z	2	DMC	647	Beaver Gray-MD
5	2	DMC	676	Old Gold-LT
4	2	DMC	677	Old Gold-VY LT
6	2	DMC	729	Old Gold-MD
S	2	DMC	844	Beaver Brown-UL DK
1	2	DMC	934	Avocado Green-VY DK
0	2	DMC	936	Avocado Green-DK MD
8	2	DMC	938	Coffee Brown-UL DK
7	2	DMC	3829	Old Gold-VY DK
9	2	DMC	3862	Mocha Beige-DK
+	2	DMC	3866	Beige Brown-UL VY LT

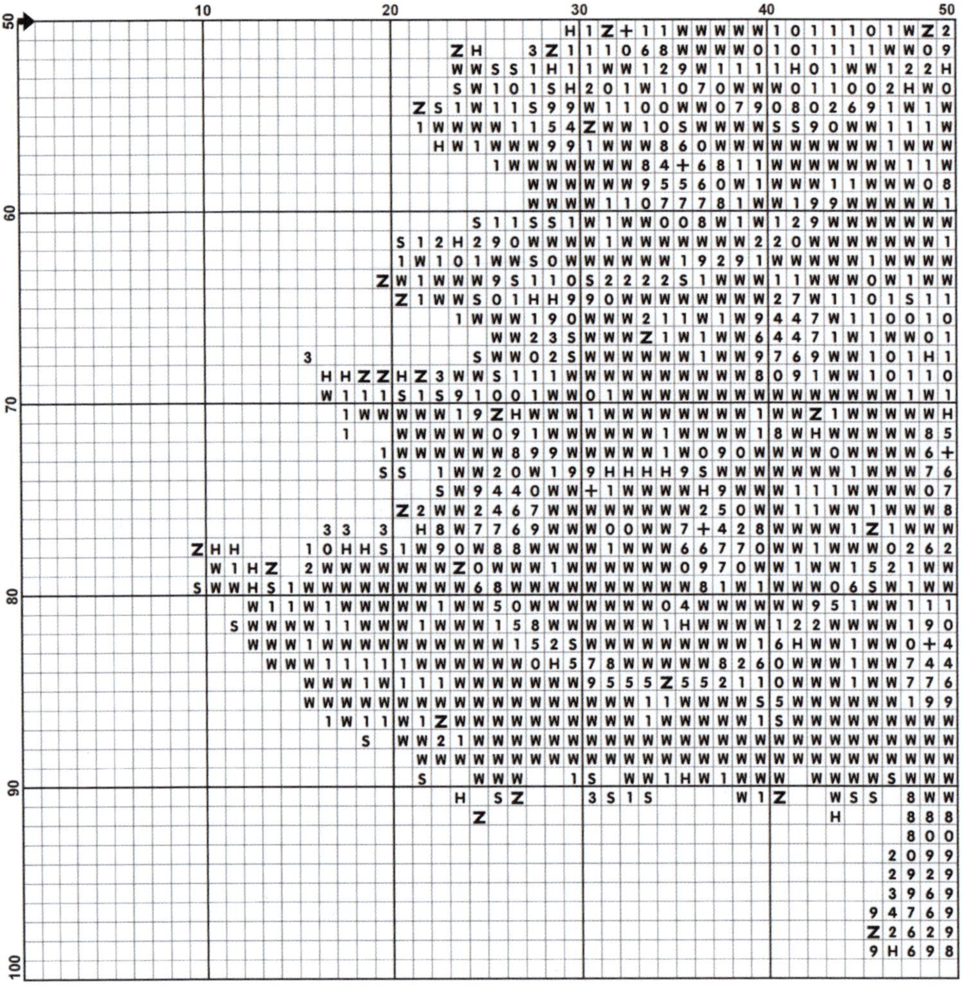

Fabric: Aida 14, White
82w X 98h Stitches
Size: 14 Count, 14.88w X 17.78h cm

Floss Used for Full Stitches:

Symbol	Strands	Type	Number	Color
W	2	DMC	310	Black
2	2	DMC	371	Mustard
3	2	DMC	613	Drab Brown-VY LT
H	2	DMC	645	Beaver Gray-VY DK
Z	2	DMC	647	Beaver Gray-MD
5	2	DMC	676	Old Gold-LT
4	2	DMC	677	Old Gold-VY LT
6	2	DMC	729	Old Gold-MD
S	2	DMC	844	Beaver Brown-UL DK
1	2	DMC	934	Avocado Green-VY DK
0	2	DMC	936	Avocado Green-DK MD
8	2	DMC	938	Coffee Brown-UL DK
7	2	DMC	3829	Old Gold-VY DK
9	2	DMC	3862	Mocha Beige-DK
+	2	DMC	3866	Beige Brown-UL VY LT

Fabric: Aida 14, White
82w X 98h Stitches
Size: 14 Count, 14.88w X 17.78h cm

Floss Used for Full Stitches:

Symbol	Strands	Type	Number	Color
W	2	DMC	310	Black
2	2	DMC	371	Mustard
3	2	DMC	613	Drab Brown-VY LT
H	2	DMC	645	Beaver Gray-VY DK
Z	2	DMC	647	Beaver Gray-MD
5	2	DMC	676	Old Gold-LT
4	2	DMC	677	Old Gold-VY LT
6	2	DMC	729	Old Gold-MD
S	2	DMC	844	Beaver Brown-UL DK
1	2	DMC	934	Avocado Green-VY DK
0	2	DMC	936	Avocado Green-DK MD
8	2	DMC	938	Coffee Brown-UL DK
7	2	DMC	3829	Old Gold-VY DK
9	2	DMC	3862	Mocha Beige-DK
+	2	DMC	3866	Beige Brown-UL VY LT

Fabric: Aida 14, White
98w X 87h Stitches
Size: 14 Count, 17.78w X 15.78h cm

Floss Used for Full Stitches:

Symbol	Strands	Type	Number	Color
Z	2	DMC	310	Black
7	2	DMC	355	Terra Cotta-DK
W	2	DMC	415	Pearl Gray
0	2	DMC	498	Christmas Red-DK
A	2	DMC	647	Beaver Gray-MD
5	2	DMC	677	Old Gold-VY LT
4	2	DMC	833	Golden Olive-LT
S	2	DMC	844	Beaver Brown-UL DK
1	2	DMC	902	Antique Mauve-VY DK
3	2	DMC	934	Avocado Green-VY DK
9	2	DMC	3021	Beige Gray-VY VY DK
2	2	DMC	3346	Hunter Green
6	2	DMC	3830	Terra Cotta-MD
8	2	DMC	3864	Mocha Beige-LT
+	2	DMC	3865	Winter White

Fabric: Aida 14, White
98w X 87h Stitches
Size: 14 Count, 17.78w X 15.78h cm

Floss Used for Full Stitches:

Symbol	Strands	Type	Number	Color
Z	2	DMC	310	Black
7	2	DMC	355	Terra Cotta-DK
W	2	DMC	415	Pearl Gray
O	2	DMC	498	Christmas Red-DK
A	2	DMC	647	Beaver Gray-MD
5	2	DMC	677	Old Gold-VY LT
4	2	DMC	833	Golden Olive-LT
S	2	DMC	844	Beaver Brown-UL DK
1	2	DMC	902	Antique Mauve-VY DK
3	2	DMC	934	Avocado Green-VY DK
9	2	DMC	3021	Beige Gray-VY VY DK
2	2	DMC	3346	Hunter Green
6	2	DMC	3830	Terra Cotta-MD
8	2	DMC	3864	Mocha Beige-LT
+	2	DMC	3865	Winter White

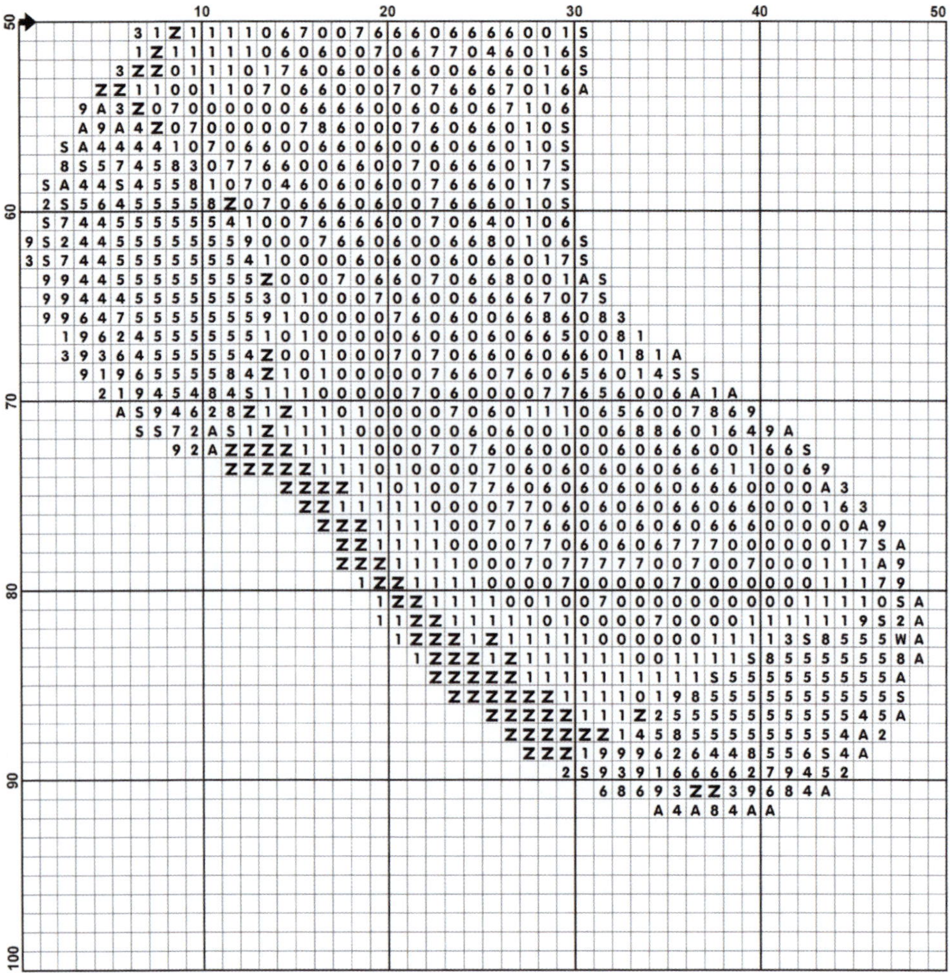

Fabric: Aida 14, White
98w X 87h Stitches
Size: 14 Count, 17.78w X 15.78h cm

Floss Used for Full Stitches:

Symbol	Strands	Type	Number	Color
Z	2	DMC	310	Black
7	2	DMC	355	Terra Cotta-DK
W	2	DMC	415	Pearl Gray
0	2	DMC	498	Christmas Red-DK
A	2	DMC	647	Beaver Gray-MD
5	2	DMC	677	Old Gold-VY LT
4	2	DMC	833	Golden Olive-LT
S	2	DMC	844	Beaver Brown-UL DK
1	2	DMC	902	Antique Mauve-VY DK
3	2	DMC	934	Avocado Green-VY DK
9	2	DMC	3021	Beige Gray-VY VY DK
2	2	DMC	3346	Hunter Green
6	2	DMC	3830	Terra Cotta-MD
8	2	DMC	3864	Mocha Beige-LT
+	2	DMC	3865	Winter White

Fabric: Aida 14, White
98w X 87h Stitches
Size: 14 Count, 17.78w X 15.78h cm

Floss Used for Full Stitches:

Symbol	Strands	Type	Number	Color
Z	2	DMC	310	Black
7	2	DMC	355	Terra Cotta-DK
W	2	DMC	415	Pearl Gray
0	2	DMC	498	Christmas Red-DK
A	2	DMC	647	Beaver Gray-MD
5	2	DMC	677	Old Gold-VY LT
4	2	DMC	833	Golden Olive-LT
S	2	DMC	844	Beaver Brown-UL DK
1	2	DMC	902	Antique Mauve-VY DK
3	2	DMC	934	Avocado Green-VY DK
9	2	DMC	3021	Beige Gray-VY VY DK
2	2	DMC	3346	Hunter Green
6	2	DMC	3830	Terra Cotta-MD
8	2	DMC	3864	Mocha Beige-LT
+	2	DMC	3865	Winter White

Fabric: Aida 14, White
99w X 99h Stitches
Size: 14 Count, 17.96w X 17.96h cm

Floss Used for Full Stitches:

Symbol	Strands	Type	Number	Color
0	2	DMC	152	Shell Pink-MD LT
J	2	DMC	310	Black
A	2	DMC	355	Terra Cotta-DK
7	2	DMC	613	Drab Brown-VY LT
E	2	DMC	644	Beige Gray-MD
S	2	DMC	647	Beaver Gray-MD
W	2	DMC	844	Beaver Brown-UL DK
1	2	DMC	902	Antique Mauve-VY DK
4	2	DMC	934	Avocado Green-VY DK
3	2	DMC	935	Avocado Green-DK
8	2	DMC	976	Golden Brown-MD
5	2	DMC	3052	Green Gray-MD
6	2	DMC	3363	Pine Green-MD
2	2	DMC	3756	Baby Blue-UL VY LT
9	2	DMC	3778	Terra Cotta-LT

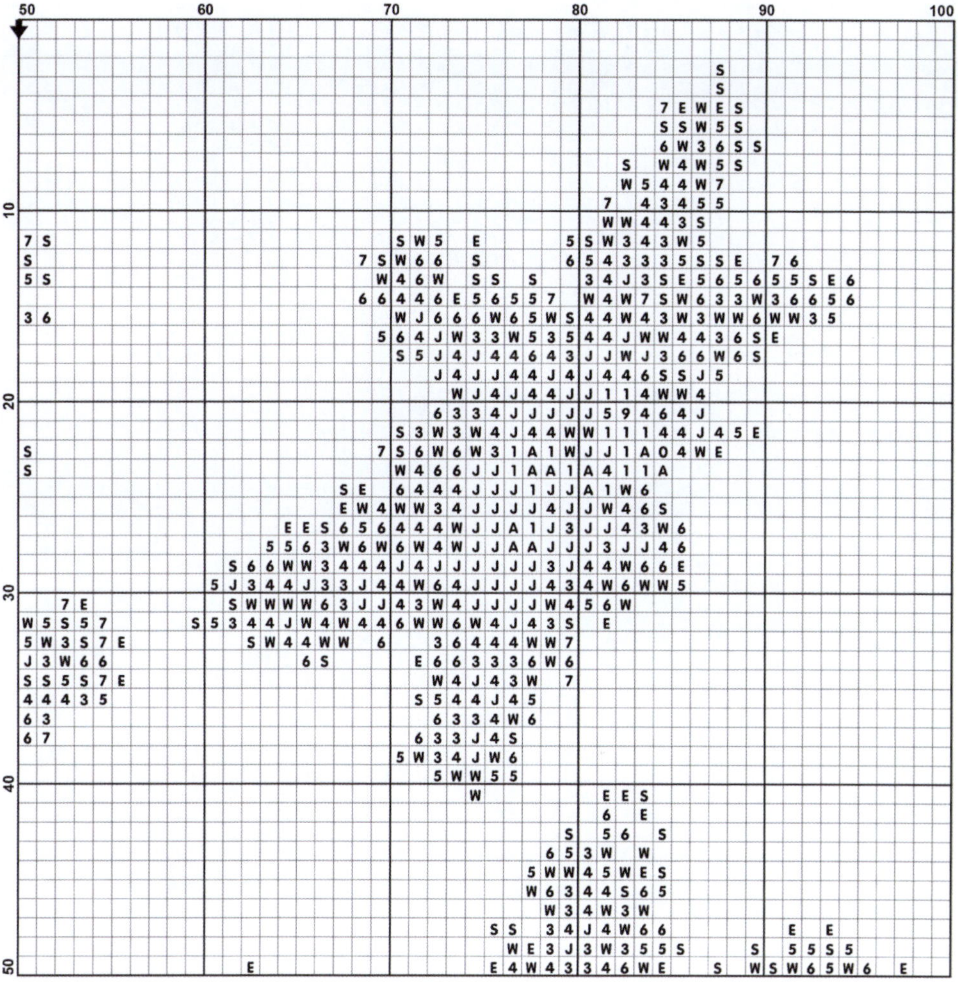

Fabric: Aida 14, White
99w X 99h Stitches
Size: 14 Count, 17.96w X 17.96h cm

Floss Used for Full Stitches:

Symbol	Strands	Type	Number	Color
O	2	DMC	152	Shell Pink-MD LT
J	2	DMC	310	Black
A	2	DMC	355	Terra Cotta-DK
7	2	DMC	613	Drab Brown-VY LT
E	2	DMC	644	Beige Gray-MD
S	2	DMC	647	Beaver Gray-MD
W	2	DMC	844	Beaver Brown-UL DK
1	2	DMC	902	Antique Mauve-VY DK
4	2	DMC	934	Avocado Green-VY DK
3	2	DMC	935	Avocado Green-DK
8	2	DMC	976	Golden Brown-MD
5	2	DMC	3052	Green Gray-MD
6	2	DMC	3363	Pine Green-MD
2	2	DMC	3756	Baby Blue-UL VY LT
9	2	DMC	3778	Terra Cotta-LT

Fabric: Aida 14, White
99w X 99h Stitches
Size: 14 Count, 17.96w X 17.96h cm

Floss Used for Full Stitches:

Symbol	Strands	Type	Number	Color
0	2	DMC	152	Shell Pink-MD LT
J	2	DMC	310	Black
A	2	DMC	355	Terra Cotta-DK
7	2	DMC	613	Drab Brown-VY LT
E	2	DMC	644	Beige Gray-MD
S	2	DMC	647	Beaver Gray-MD
W	2	DMC	844	Beaver Brown-UL DK
1	2	DMC	902	Antique Mauve-VY DK
4	2	DMC	934	Avocado Green-VY DK
3	2	DMC	935	Avocado Green-DK
8	2	DMC	976	Golden Brown-MD
5	2	DMC	3052	Green Gray-MD
6	2	DMC	3363	Pine Green-MD
2	2	DMC	3756	Baby Blue-UL VY LT
9	2	DMC	3778	Terra Cotta-LT

Fabric: Aida 14, White
99w X 99h Stitches
Size: 14 Count, 17.96w X 17.96h cm

Floss Used for Full Stitches:

Symbol	Strands	Type	Number	Color
O	2	DMC	152	Shell Pink-MD LT
J	2	DMC	310	Black
A	2	DMC	355	Terra Cotta-DK
7	2	DMC	613	Drab Brown-VY LT
E	2	DMC	644	Beige Gray-MD
S	2	DMC	647	Beaver Gray-MD
W	2	DMC	844	Beaver Brown-UL DK
1	2	DMC	902	Antique Mauve-VY DK
4	2	DMC	934	Avocado Green-VY DK
3	2	DMC	935	Avocado Green-DK
8	2	DMC	976	Golden Brown-MD
5	2	DMC	3052	Green Gray-MD
6	2	DMC	3363	Pine Green-MD
2	2	DMC	3756	Baby Blue-UL VY LT
9	2	DMC	3778	Terra Cotta-LT

Fabric: Aida 14, White
88w X 96h Stitches
Size: 14 Count, 15.97w X 17.42h cm

Floss Used for Full Stitches:

Symbol	Strands	Type	Number	Color
S	2	DMC	310	Black
1	2	DMC	371	Mustard
8	2	DMC	434	Brown-LT
0	2	DMC	524	Fern Green-VY LT
2	2	DMC	610	Drab Brown-DK
3	2	DMC	677	Old Gold-VY LT
+	2	DMC	712	Cream
6	2	DMC	729	Old Gold-MD
5	2	DMC	782	Topaz-DK
4	2	DMC	783	Topaz-MD
9	2	DMC	801	Coffee Brown-DK
A	2	DMC	938	Coffee Brown-UL DK
H	2	DMC	3782	Mocha Brown-LT
7	2	DMC	3822	Straw-LT
E	2	DMC	3862	Mocha Beige-DK

Fabric: Aida 14, White
88w X 96h Stitches
Size: 14 Count, 15.97w X 17.42h cm

Floss Used for Full Stitches:

Symbol	Strands	Type	Number	Color
S	2	DMC	310	Black
1	2	DMC	371	Mustard
8	2	DMC	434	Brown-LT
0	2	DMC	524	Fern Green-VY LT
2	2	DMC	610	Drab Brown-DK
3	2	DMC	677	Old Gold-VY LT
+	2	DMC	712	Cream
6	2	DMC	729	Old Gold-MD
5	2	DMC	782	Topaz-DK
4	2	DMC	783	Topaz-MD
9	2	DMC	801	Coffee Brown-DK
A	2	DMC	938	Coffee Brown-UL DK
H	2	DMC	3782	Mocha Brown-LT
7	2	DMC	3822	Straw-LT
E	2	DMC	3862	Mocha Beige-DK

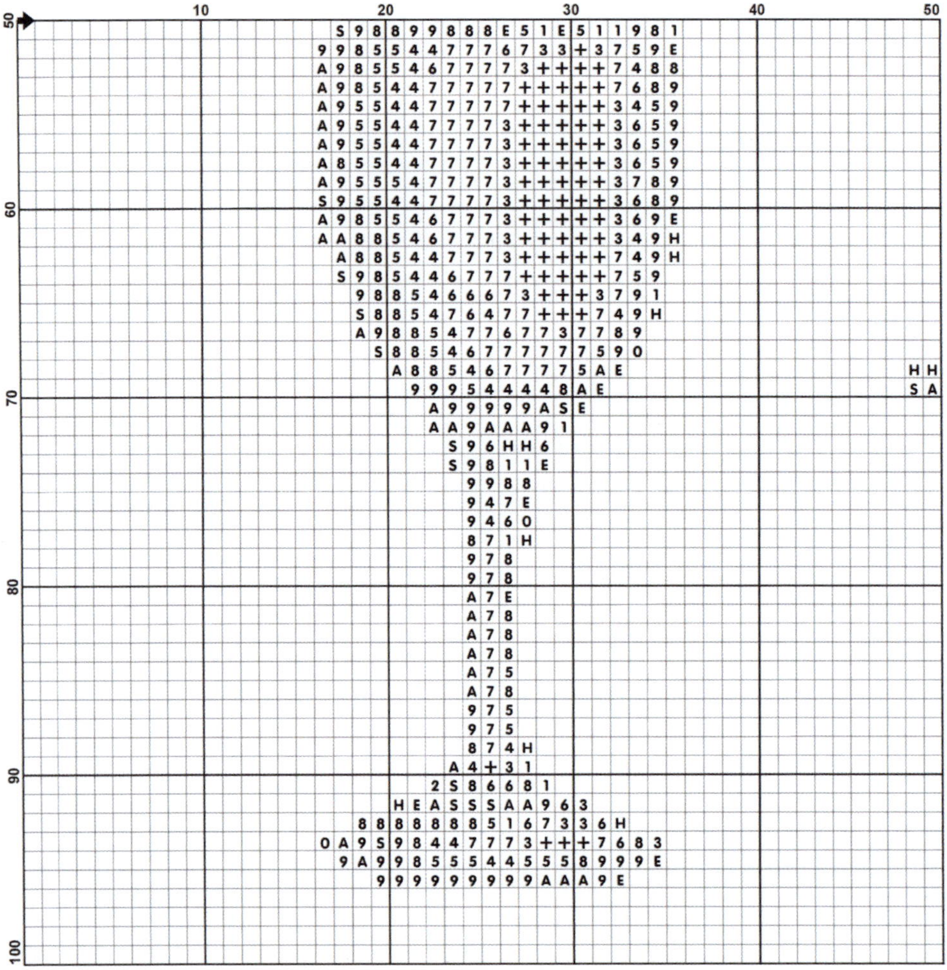

Fabric: Aida 14, White
88w X 96h Stitches
Size: 14 Count, 15.97w X 17.42h cm

Floss Used for Full Stitches:

Symbol	Strands	Type	Number	Color
S	2	DMC	310	Black
1	2	DMC	371	Mustard
8	2	DMC	434	Brown-LT
0	2	DMC	524	Fern Green-VY LT
2	2	DMC	610	Drab Brown-DK
3	2	DMC	677	Old Gold-VY LT
+	2	DMC	712	Cream
6	2	DMC	729	Old Gold-MD
5	2	DMC	782	Topaz-DK
4	2	DMC	783	Topaz-MD
9	2	DMC	801	Coffee Brown-DK
A	2	DMC	938	Coffee Brown-UL DK
H	2	DMC	3782	Mocha Brown-LT
7	2	DMC	3822	Straw-LT
E	2	DMC	3862	Mocha Beige-DK

Fabric: Aida 14, White
 88w X 96h Stitches
Size: 14 Count, 15.97w X 17.42h cm

Floss Used for Full Stitches:

Symbol	Strands	Type	Number	Color
S	2	DMC	310	Black
1	2	DMC	371	Mustard
8	2	DMC	434	Brown-LT
0	2	DMC	524	Fern Green-VY LT
2	2	DMC	610	Drab Brown-DK
3	2	DMC	677	Old Gold-VY LT
+	2	DMC	712	Cream
6	2	DMC	729	Old Gold-MD
5	2	DMC	782	Topaz-DK
4	2	DMC	783	Topaz-MD
9	2	DMC	801	Coffee Brown-DK
A	2	DMC	938	Coffee Brown-UL DK
H	2	DMC	3782	Mocha Brown-LT
7	2	DMC	3822	Straw-LT
E	2	DMC	3862	Mocha Beige-DK

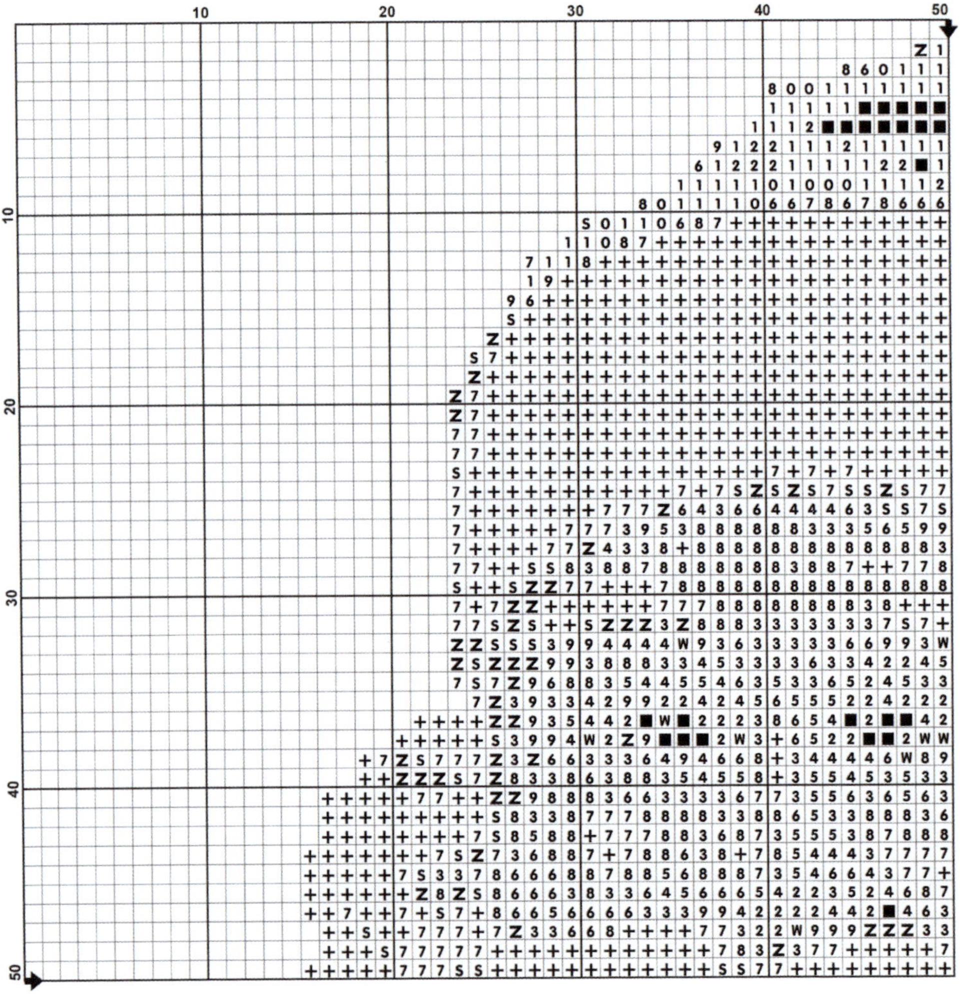

Fabric: Aida 14, White
95w X 99h Stitches
Size: 14 Count,   17.24w X 17.96h cm

Floss Used for Full Stitches:

Symbol	Strands	Type	Number	Color
■	2	DMC	310	Black
o	2	DMC	349	Coral-DK
6	2	DMC	356	Terra Cotta-MD
7	2	DMC	453	Shell Gray-LT
S	2	DMC	648	Beaver Gray-LT
+	2	DMC	712	Cream
4	2	DMC	780	Topaz-UL VY DK
1	2	DMC	817	Coral Red-VY DK
W	2	DMC	839	Beige Brown-DK
2	2	DMC	902	Antique Mauve-VY DK
5	2	DMC	921	Copper
Z	2	DMC	3023	Brown Gray-LT
3	2	DMC	3045	Yellow Beige-DK
9	2	DMC	3862	Mocha Beige-DK
8	2	DMC	3864	Mocha Beige-LT

Fabric: Aida 14, White
95w X 99h Stitches
Size: 14 Count, 17.24w X 17.96h cm

Floss Used for Full Stitches:

Symbol	Strands	Type	Number	Color
■	2	DMC	310	Black
0	2	DMC	349	Coral-DK
6	2	DMC	356	Terra Cotta-MD
7	2	DMC	453	Shell Gray-LT
S	2	DMC	648	Beaver Gray-LT
+	2	DMC	712	Cream
4	2	DMC	780	Topaz-UL VY DK
1	2	DMC	817	Coral Red-VY DK
W	2	DMC	839	Beige Brown-DK
2	2	DMC	902	Antique Mauve-VY DK
5	2	DMC	921	Copper
Z	2	DMC	3023	Brown Gray-LT
3	2	DMC	3045	Yellow Beige-DK
9	2	DMC	3862	Mocha Beige-DK
8	2	DMC	3864	Mocha Beige-LT

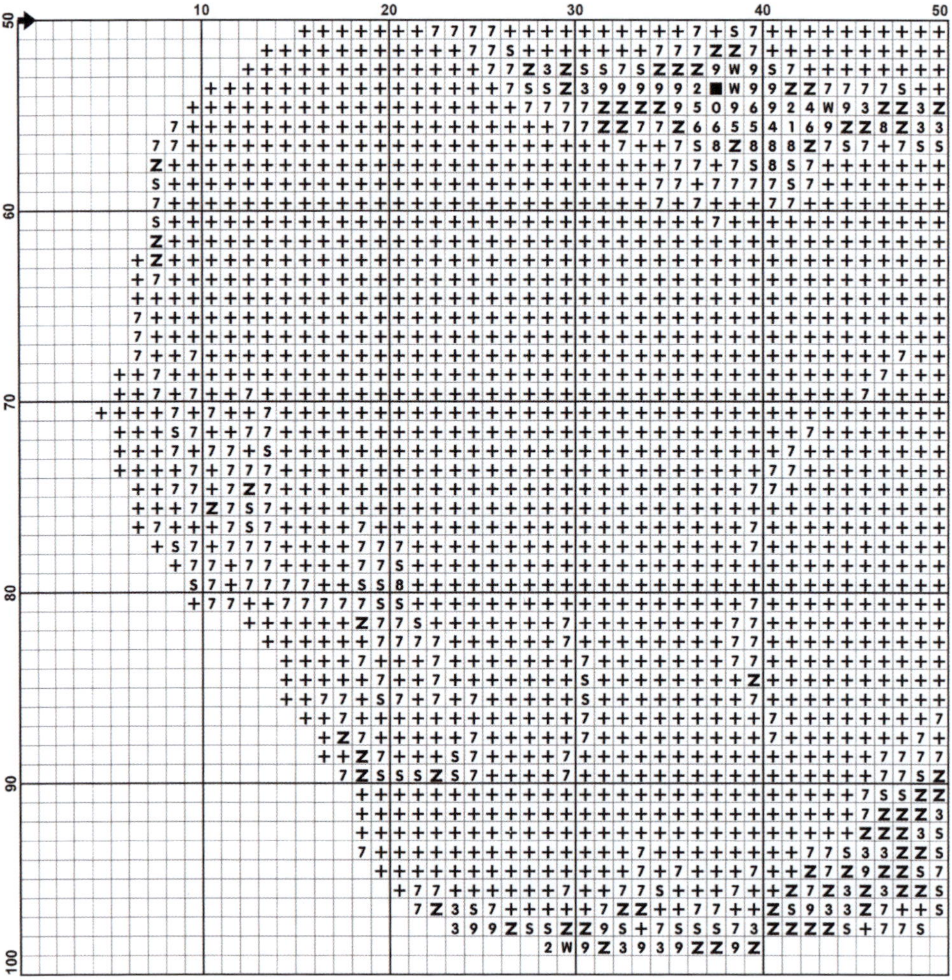

Fabric: Aida 14, White
95w X 99h Stitches
Size: 14 Count, 17.24w X 17.96h cm

Floss Used for Full Stitches:

Symbol	Strands	Type	Number	Color
■	2	DMC	310	Black
0	2	DMC	349	Coral-DK
6	2	DMC	356	Terra Cotta-MD
7	2	DMC	453	Shell Gray-LT
S	2	DMC	648	Beaver Gray-LT
+	2	DMC	712	Cream
4	2	DMC	780	Topaz-UL VY DK
1	2	DMC	817	Coral Red-VY DK
W	2	DMC	839	Beige Brown-DK
2	2	DMC	902	Antique Mauve-VY DK
5	2	DMC	921	Copper
Z	2	DMC	3023	Brown Gray-LT
3	2	DMC	3045	Yellow Beige-DK
9	2	DMC	3862	Mocha Beige-DK
8	2	DMC	3864	Mocha Beige-LT

Fabric: Aida 14, White
95w X 99h Stitches
Size: 14 Count, 17.24w X 17.96h cm

Floss Used for Full Stitches:

Symbol	Strands	Type	Number	Color
■	2	DMC	310	Black
0	2	DMC	349	Coral-DK
6	2	DMC	356	Terra Cotta-MD
7	2	DMC	453	Shell Gray-LT
S	2	DMC	648	Beaver Gray-LT
+	2	DMC	712	Cream
4	2	DMC	780	Topaz-UL VY DK
1	2	DMC	817	Coral Red-VY DK
W	2	DMC	839	Beige Brown-DK
2	2	DMC	902	Antique Mauve-VY DK
5	2	DMC	921	Copper
Z	2	DMC	3023	Brown Gray-LT
3	2	DMC	3045	Yellow Beige-DK
9	2	DMC	3862	Mocha Beige-DK
8	2	DMC	3864	Mocha Beige-LT

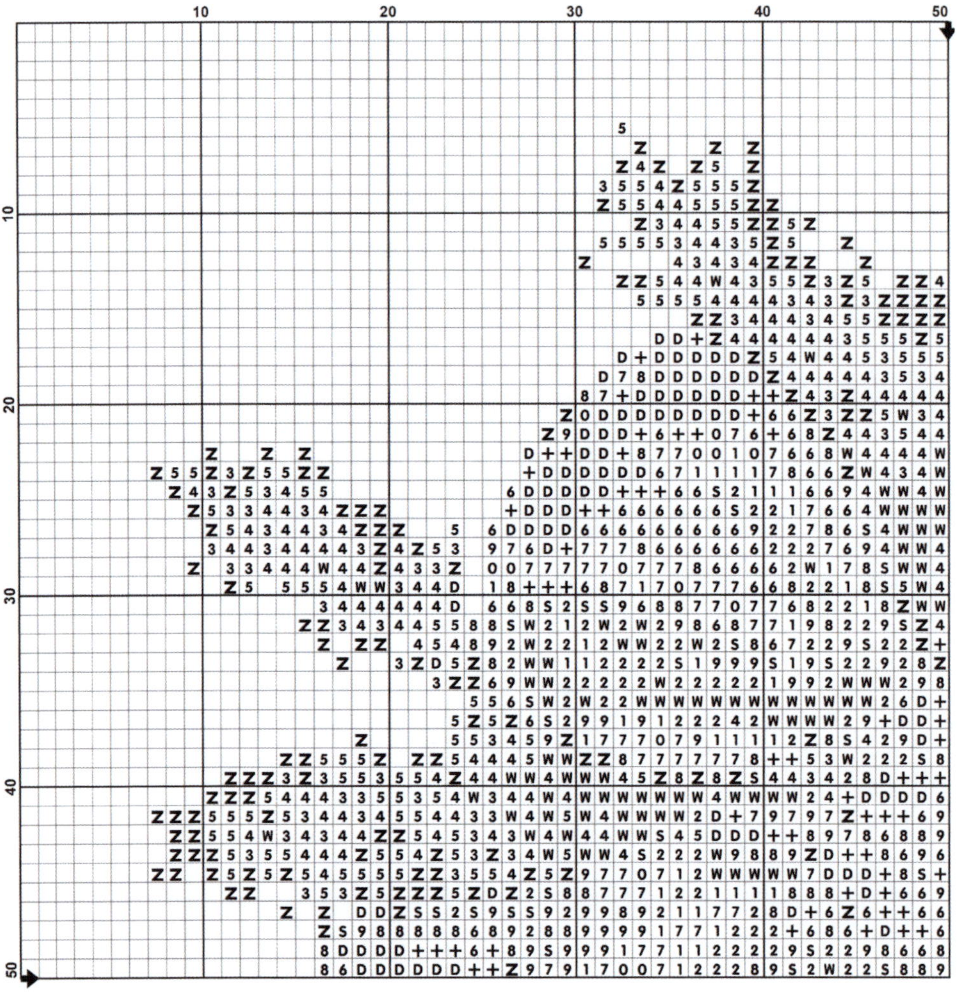

Fabric: Aida 14, White
84w X 96h Stitches
Size: 14 Count, 15.24w X 17.42h cm

Floss Used for Full Stitches:

Symbol	Strands	Type	Number	Color
W	2	DMC	310	Black
0	2	DMC	350	Coral-MD
9	2	DMC	434	Brown-LT
8	2	DMC	435	Brown-VY LT
5	2	DMC	520	Fern Green-DK
Z	2	DMC	645	Beaver Gray-VY DK
+	2	DMC	676	Old Gold-LT
1	2	DMC	815	Garnet-MD
D	2	DMC	842	Beige Brown-VY LT
3	2	DMC	895	Hunter Green-VY DK
S	2	DMC	898	Coffee Brown-VY DK
2	2	DMC	902	Antique Mauve-VY DK
4	2	DMC	934	Avocado Green-VY DK
6	2	DMC	977	Golden Brown-LT
7	2	DMC	3830	Terra Cotta-MD

Fabric: Aida 14, White
84w X 96h Stitches
Size: 14 Count, 15.24w X 17.42h cm

Floss Used for Full Stitches:

Symbol	Strands	Type	Number	Color
W	2	DMC	310	Black
0	2	DMC	350	Coral-MD
9	2	DMC	434	Brown-LT
8	2	DMC	435	Brown-VY LT
5	2	DMC	520	Fern Green-DK
Z	2	DMC	645	Beaver Gray-VY DK
+	2	DMC	676	Old Gold-LT
1	2	DMC	815	Garnet-MD
D	2	DMC	842	Beige Brown-VY LT
3	2	DMC	895	Hunter Green-VY DK
S	2	DMC	898	Coffee Brown-VY DK
2	2	DMC	902	Antique Mauve-VY DK
4	2	DMC	934	Avocado Green-VY DK
6	2	DMC	977	Golden Brown-LT
7	2	DMC	3830	Terra Cotta-MD

```
                    10              20              30              40              50
                                        8 8 8 6 D D D D + + 8 8 Z 7 0 0 6 7 1 1 2 8 8 S 2 2 S 9 2 W 2 1 S 1
                                        8 8 8 8 8 8 D D D + D 7 6 0 6 6 7 1 7 9 6 S 2 2 S 9 9 9 9 2 4 W W W
                                        8 6 8 8 8 8 8 8 + D D 8 D 0 + + 0 7 1 8 8 2 S 9 8 6 6 6 8 8 8 8 9 9
                                        8 6 6 6 8 8 8 8 6 8 D 6 D 7 + 9 2 8 6 + + + D D + + D + + + 6
                                        7 6 6 6 6 6 6 8 8 6 7 0 0 + 6 8 8 9 + + D D D D D D + + + + + D
                                        8 8 6 6 8 6 6 6 8 8 7 0 0 7 0 7 + S 8 D D D D D D D D D D D + 6
                                        8 9 6 6 6 6 + 6 8 8 7 0 7 0 7 1 8 2 + 6 8 D D D D D D + 6 8 6 8
                                        8 S 8 9 6 6 6 6 8 8 1 7 7 0 1 9 9 9 + 6 6 9 D Z 8 8 8 8 6 6 6 6 6
                                        8 9 2 S 6 6 6 + + 9 1 1 7 0 2 9 9 9 + + + 9 9 2 9 6 6 6 6 6 6 6 8
                                        9 2 2 9 9 6 6 + 6 9 2 1 7 7 2 9 9 8 + D D 8 8 9 6 6 6 6 6 6 6 6 6
                                        8 9 W 2 9 8 6 6 Z 9 2 1 7 1 2 8 1 8 + + + 8 Z 8 8 8 9 8 6 + 6 + 8 8
                                        8 2 9 S 9 6 + + S 9 2 1 1 2 2 8 S 8 6 D + 8 D 6 + 8 9 6 8 6 6 + 6 8
                                        6 8 8 8 8 6 6 6 8 9 1 1 2 2 1 6 2 8 6 + + 8 D D + + 6 8 9 6 6 6 6 6
                                        6 8 6 6 6 6 8 D Z 8 1 1 2 1 1 6 2 8 + + + 8 D + D + + D 8 8 + 6 6 8
                                        8 8 + 6 6 8 8 S 7 1 1 2 1 7 8 2 8 6 D 6 6 D D D + D + 8 S 9 6 6 6
                                        6 8 6 6 6 + 6 D 8 9 1 1 2 1 1 6 2 8 + + 6 8 D D D + 8 8 + S + + + 6
                                        8 8 6 + 6 6 8 S S 9 7 1 2 1 7 6 2 8 6 6 8 8 + D D D + 8 + + D + 8
                                        8 8 6 6 6 6 6 9 D 9 7 1 2 1 1 6 2 8 8 9 6 D D D D + + 8 D 6 D D +
                                        8 S 8 6 6 6 6 D D 9 7 1 2 1 7 6 2 8 8 8 8 + D D D + 8 D + 8 + + +
                                        8 S 8 8 6 6 + D + S 7 7 2 1 1 6 S 9 8 8 8 D D + D + + D + 6 8 8 +
                                        8 2 S 9 6 6 + D + S 7 1 2 1 7 6 2 9 8 8 8 6 + D D D D D D 9 8 6 6
                                          S 2 8 6 6 6 D D 9 7 7 2 1 1 6 9 9 8 8 9 8 D D D + + + 6 6 6
                                          2 2 S 6 6 6 D D 9 9 1 2 1 1 6 9 9 8 8 8 8 6 D D D D + 6 6 6 6
                                          9 2 9 9 6 6 + D 9 7 7 2 1 1 6 9 9 6 6 6 8 8 D 8 + D D D + 6 6 6 6
                                          9 S S 6 6 8 + D 9 9 1 1 1 8 8 9 6 8 6 9 Z 9 S D D + + + 6 6 6 6
                                          6 8 6 8 6 6 6 D 9 9 1 1 2 6 9 9 9 6 9 S 2 8 D D + D D + + 6 6 6 6
                                          6 6 6 6 6 8 8 + Z 9 7 1 2 2 8 9 9 8 W 2 S 9 Z D + + 6 6 + 6 8 8
                                          6 8 6 6 6 1 8 D 8 S 7 1 2 2 8 9 9 8 8 8 9 S D 9 D D D 6 + 6 6 8 8
                                          6 8 6 6 8 S S D 8 1 7 1 2 2 8 9 9 6 8 S 8 2 Z + + + + 6 + 6 8 8
                                          6 8 8 6 2 S 2 8 8 9 1 1 2 2 8 9 9 D + + D + 6 8 8 8 8
                                            8 8 9 6 8 S 2 D + S 7 1 2 2 9 9 8 6 6 6 6 8 D + D + 8 8 8 8 9 8
                                            6 8 9 8 6 9 S D + 1 9 1 2 2 9 9 8 6 + 6 6 6 D D + D 8 8 8 8 9 8
                                              8 8 9 6 8 9 D + 9 1 9 2 2 9 5 6 6 6 6 6 8 D + D 8 8 8 8 2 2 8
                                              8 9 9 8 6 6 + + 9 1 9 2 2 9 2 6 6 6 6 6 6 D + + 8 8 8 S 9 S 8
                                                7 S 8 6 6 + 6 9 9 1 2 2 9 2 8 6 + 6 6 6 D + 6 6 8 8 9 9 S 8
                                                  9 2 8 6 6 6 9 9 9 2 2 1 S 6 6 + 6 6 6 D D D 6 8 9 S 2 9 S S
                                                      9 8 6 6 S 1 7 2 2 2 S 6 6 + + 6 8 D + 8 8 7 9 9 2 S
                                                      9 8 6 9 2 9 1 2 2 S 6 + 6 + 6 8 D + 8 8 9 9 9 S 9
                                                            8 9 2 9 2 2 2 S 6 6 6 6 6 D + + 8 8 8 9 2 S
                                                              2 2 1 2 2 2 6 6 6 6 8 8 D + 8 8 8 8 8 8 D
                                                                    2 2 2 9 8 6 8 8 D D + 8 8 8 8 6 8 8
                                                                      2 2 2 S 9 8 6 D D + 8 8 8 8 6 8 8
                                                                          2 2 9 8 8 9 S D 8 8 8 8 8 8 8
                                                                            2 2 8 8 8 9 8 D + 9 7 8 8 8 8 8
                                                                              W 7 9 9 9 6 D 9 9 9 9 9 8 8 8 8
                                                                                  9 9 9 6 D S S 9 9 2 S 9 8 9 7
                                                                                    9 9 8 8 8 S 9 9 9 7 9 9 7 Z
                                                                                            7 8 D 8 9 Z 8 Z
                                                                                              9 Z
```

Fabric: Aida 14, White
84w X 96h Stitches
Size: 14 Count, 15.24w X 17.42h cm

Floss Used for Full Stitches:

Symbol	Strands	Type	Number	Color
W	2	DMC	310	Black
0	2	DMC	350	Coral-MD
9	2	DMC	434	Brown-LT
8	2	DMC	435	Brown-VY LT
5	2	DMC	520	Fern Green-DK
Z	2	DMC	645	Beaver Gray-VY DK
6	2	DMC	676	Old Gold-LT
+	2	DMC	815	Garnet-MD
1	2	DMC	815	Garnet-MD
D	2	DMC	842	Beige Brown-VY LT
3	2	DMC	895	Hunter Green-VY DK
S	2	DMC	898	Coffee Brown-VY DK
2	2	DMC	902	Antique Mauve-VY DK
4	2	DMC	934	Avocado Green-VY DK
6	2	DMC	977	Golden Brown-LT
7	2	DMC	3830	Terra Cotta-MD

Fabric: Aida 14, White
84w X 96h Stitches
Size: 14 Count, 15.24w X 17.42h cm

Floss Used for Full Stitches:

Symbol	Strands	Type	Number	Color
W	2	DMC	310	Black
O	2	DMC	350	Coral-MD
9	2	DMC	434	Brown-LT
8	2	DMC	435	Brown-VY LT
5	2	DMC	520	Fern Green-DK
Z	2	DMC	645	Beaver Gray-VY DK
+	2	DMC	676	Old Gold-LT
1	2	DMC	815	Garnet-MD
D	2	DMC	842	Beige Brown-VY LT
3	2	DMC	895	Hunter Green-VY DK
S	2	DMC	898	Coffee Brown-VY DK
2	2	DMC	902	Antique Mauve-VY DK
4	2	DMC	934	Avocado Green-VY DK
6	2	DMC	977	Golden Brown-LT
7	2	DMC	3830	Terra Cotta-MD

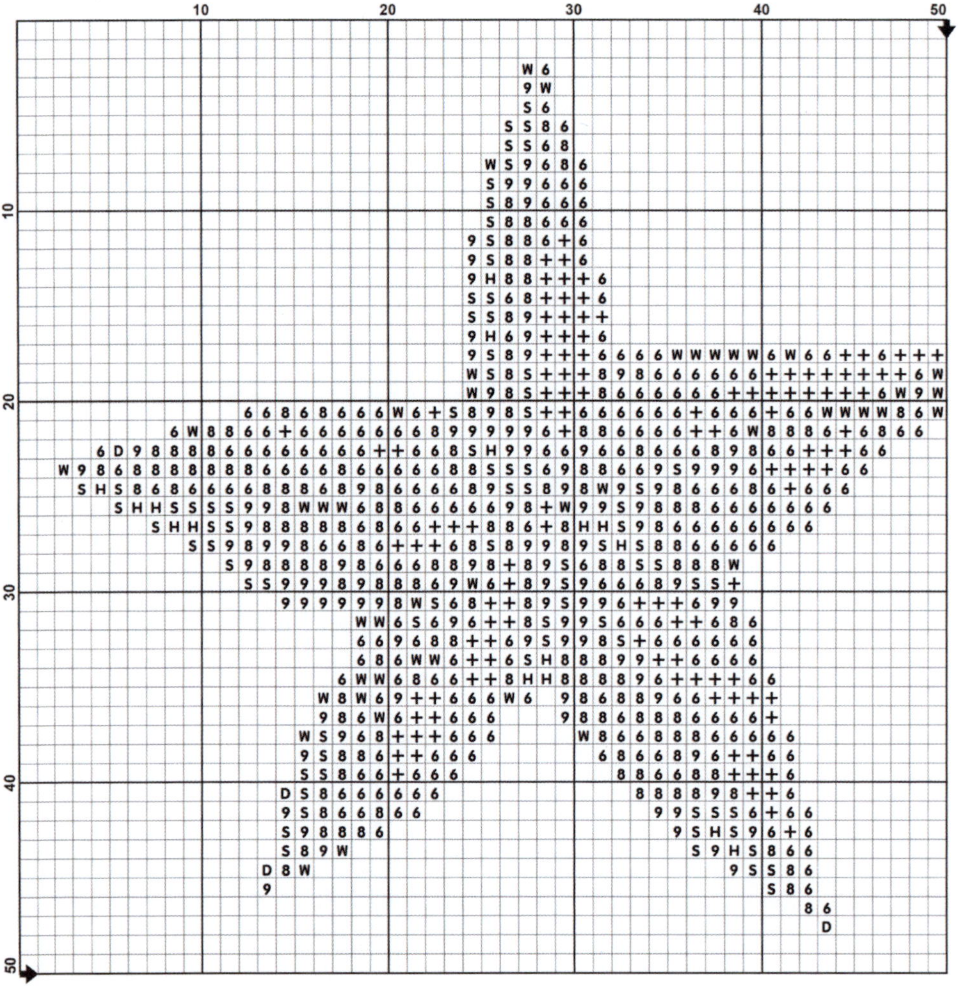

Fabric: Aida 14, White
95w X 95h Stitches
Size: 14 Count, 17.24w X 17.24h cm

Floss Used for Full Stitches:

Symbol	Strands	Type	Number	Color
2	2	DMC	304	Christmas Red-MD
H	2	DMC	310	Black
1	2	DMC	349	Coral-DK
8	2	DMC	434	Brown-LT
+	2	DMC	453	Shell Gray-LT
3	2	DMC	500	Blue Green-VY DK
D	2	DMC	844	Beaver Brown-UL DK
5	2	DMC	895	Hunter Green-VY DK
9	2	DMC	898	Coffee Brown-VY DK
7	2	DMC	900	Burnt Orange-DK
S	2	DMC	938	Coffee Brown-UL DK
4	2	DMC	987	Forest Green-DK
0	2	DMC	3328	Salmon-DK
6	2	DMC	3828	Hazelnut Brown
W	2	DMC	3862	Mocha Beige-DK

Fabric: Aida 14, White
        95w X 95h Stitches
Size: 14 Count, 17.24w X 17.24h cm

Floss Used for Full Stitches:

Symbol	Strands	Type	Number	Color
2	2	DMC	304	Christmas Red-MD
H	2	DMC	310	Black
1	2	DMC	349	Coral-DK
8	2	DMC	434	Brown-LT
+	2	DMC	453	Shell Gray-LT
3	2	DMC	500	Blue Green-VY DK
D	2	DMC	844	Beaver Brown-UL DK
5	2	DMC	895	Hunter Green-VY DK
9	2	DMC	898	Coffee Brown-VY DK
7	2	DMC	900	Burnt Orange-DK
S	2	DMC	938	Coffee Brown-UL DK
4	2	DMC	987	Forest Green-DK
0	2	DMC	3328	Salmon-DK
6	2	DMC	3828	Hazelnut Brown
W	2	DMC	3862	Mocha Beige-DK

Fabric: Aida 14, White
95w X 95h Stitches
Size: 14 Count, 17.24w X 17.24h cm

Floss Used for Full Stitches:

Symbol	Strands	Type	Number	Color
2	2	DMC	304	Christmas Red-MD
H	2	DMC	310	Black
1	2	DMC	349	Coral-DK
8	2	DMC	434	Brown-LT
+	2	DMC	453	Shell Gray-LT
3	2	DMC	500	Blue Green-VY DK
D	2	DMC	844	Beaver Brown-UL DK
5	2	DMC	895	Hunter Green-VY DK
9	2	DMC	898	Coffee Brown-VY DK
7	2	DMC	900	Burnt Orange-DK
S	2	DMC	938	Coffee Brown-UL DK
4	2	DMC	987	Forest Green-DK
O	2	DMC	3328	Salmon-DK
6	2	DMC	3828	Hazelnut Brown
W	2	DMC	3862	Mocha Beige-DK

Fabric: Aida 14, White
          95w X 95h Stitches
Size: 14 Count,   17.24w X 17.24h cm

Floss Used for Full Stitches:

Symbol	Strands	Type	Number	Color
2	2	DMC	304	Christmas Red-MD
H	2	DMC	310	Black
1	2	DMC	349	Coral-DK
8	2	DMC	434	Brown-LT
+	2	DMC	453	Shell Gray-LT
3	2	DMC	500	Blue Green-VY DK
D	2	DMC	844	Beaver Brown-UL DK
5	2	DMC	895	Hunter Green-VY DK
9	2	DMC	898	Coffee Brown-VY DK
7	2	DMC	900	Burnt Orange-DK
S	2	DMC	938	Coffee Brown-UL DK
4	2	DMC	987	Forest Green-DK
0	2	DMC	3328	Salmon-DK
6	2	DMC	3828	Hazelnut Brown
W	2	DMC	3862	Mocha Beige-DK

Fabric: Aida 14, White
97w X 81h Stitches
Size: 14 Count, 17.60w X 14.70h cm

Floss Used for Full Stitches:

Symbol	Strands	Type	Number	Color
S	2	DMC	168	Pewter-VY LT
F	2	DMC	415	Pearl Gray
A	2	DMC	647	Beaver Gray-MD
7	2	DMC	745	Yellow-LT Pale
8	2	DMC	779	Cocoa-DK
2	2	DMC	794	Cornflower Blue-LT
3	2	DMC	823	Navy Blue-DK
4	2	DMC	931	Antique Blue-MD
1	2	DMC	3041	Antique Violet-MD
6	2	DMC	3045	Yellow Beige-DK
0	2	DMC	3721	Shell Pink-DK
+	2	DMC	3756	Baby Blue-UL VY LT
9	2	DMC	3782	Mocha Brown-LT
5	2	DMC	3842	Wedgewood-DK
V	2	DMC	3884	Medium Light Pewter

Fabric: Aida 14, White
97w X 81h Stitches
Size: 14 Count, 17.60w X 14.70h cm

Floss Used for Full Stitches:

Symbol	Strands	Type	Number	Color
S	2	DMC	168	Pewter-VY LT
F	2	DMC	415	Pearl Gray
A	2	DMC	647	Beaver Gray-MD
7	2	DMC	745	Yellow-LT Pale
8	2	DMC	779	Cocoa-DK
2	2	DMC	794	Cornflower Blue-LT
3	2	DMC	823	Navy Blue-DK
4	2	DMC	931	Antique Blue-MD
1	2	DMC	3041	Antique Violet-MD
6	2	DMC	3045	Yellow Beige-DK
0	2	DMC	3721	Shell Pink-DK
+	2	DMC	3756	Baby Blue-UL VY LT
9	2	DMC	3782	Mocha Brown-LT
5	2	DMC	3842	Wedgewood-DK
V	2	DMC	3884	Medium Light Pewter

Fabric: Aida 14, White
97w X 81h Stitches
Size: 14 Count, 17.60w X 14.70h cm

Floss Used for Full Stitches:

Symbol	Strands	Type	Number	Color
S	2	DMC	168	Pewter-VY LT
F	2	DMC	415	Pearl Gray
A	2	DMC	647	Beaver Gray-MD
7	2	DMC	745	Yellow-LT Pale
8	2	DMC	779	Cocoa-DK
2	2	DMC	794	Cornflower Blue-LT
3	2	DMC	823	Navy Blue-DK
4	2	DMC	931	Antique Blue-MD
1	2	DMC	3041	Antique Violet-MD
6	2	DMC	3045	Yellow Beige-DK
0	2	DMC	3721	Shell Pink-DK
+	2	DMC	3756	Baby Blue-UL VY LT
9	2	DMC	3782	Mocha Brown-LT
5	2	DMC	3842	Wedgewood-DK
V	2	DMC	3884	Medium Light Pewter

Fabric: Aida 14, White
97w X 81h Stitches
Size: 14 Count, 17.60w X 14.70h cm

Floss Used for Full Stitches:

Symbol	Strands	Type	Number	Color
S	2	DMC	168	Pewter-VY LT
F	2	DMC	415	Pearl Gray
A	2	DMC	647	Beaver Gray-MD
7	2	DMC	745	Yellow-LT Pale
8	2	DMC	779	Cocoa-DK
2	2	DMC	794	Cornflower Blue-LT
3	2	DMC	823	Navy Blue-DK
4	2	DMC	931	Antique Blue-MD
1	2	DMC	3041	Antique Violet-MD
6	2	DMC	3045	Yellow Beige-DK
0	2	DMC	3721	Shell Pink-DK
+	2	DMC	3756	Baby Blue-UL VY LT
9	2	DMC	3782	Mocha Brown-LT
5	2	DMC	3842	Wedgewood-DK
V	2	DMC	3884	Medium Light Pewter

MARYNA ART
2025

Printed in Dunstable, United Kingdom